Könnten Sie sich vorstellen, mit Männern zusammenzuarbeiten?
Nur mit Gefahrenzulage.

Peter Butschkow

HOSEN ~~AN~~ voll?

Vom Kampf der Geschlechter

Mit Texten von Peter Butschkow und Caren Hodel

LAPPAN

Welches Modell würdest du wählen?
Beide.

Mann, wenn das mal keinen Ärger gibt?

Der pragmatische Mann

Schreiben kannst noch nicht?

MITBREMSER AN BORD

KAUM ETWAS stellt die Beziehung auf eine härtere Probe als gemeinsames Autofahren. Verstehen Sie mich nicht falsch, mein Mann ist ein netter Kerl, aber ein miserabler Beifahrer. Zu seinem Standardrepertoire gehören Sätze wie „Das Gas ist unten rechts", „Grüner wird 's nicht" und „Gruß vom Getriebe".

Und dann dieses Zucken im Bein! Sobald ich etwas dichter auffahre, tritt er sein imaginäres Bremspedal und klammert sich nervös am Haltegriff fest. „Das ist schon der dritte Laster, der uns überholt", stichelte Mr. Oberklug neulich erst wieder auf der Fahrt an die Nordsee. „Was für einen Gang hast du überhaupt drin – den dritten?"

Ich schaltete das Radio ein, in der Hoffnung, ein Gute-Laune-Song würde die Stimmung heben, aber da hatte ich mich zu früh gefreut. Denn er fing an, geräuschvoll im Handschuhfach rumzuwühlen. „Chet Baker muss da irgendwo sein." Oh nein, bitte keinen Jazz! Als er seine blöde CD endlich gefunden hatte, herrschte für eine Weile ungewohnte Ruhe auf dem Nebensitz. Doch in der nächsten Ortschaft ging mein selbs ternannter Fahrlehrer erneut in die Vollen: „Du musst links, nein rechts. Neeeein, nicht hier, eine weiter!" Kurz darauf zog er hörbar Luft zwischen den Zähnen ein und stemmte die Arme demonstrativ gegen das Armaturenbrett. „Da läuft einer! VORSICHT! BREMSEN!! BREMSEN!!!" Mein Kopf leuchtete ungefähr so rot wie die Ampel vor uns. Entschlossen steuerte ich die nächste Parkbucht an: „Fahr selbst! Das ist besser für deine Nerven. Und für meine erst recht!"

Nicht ganz ohne Schadenfreude darf ich Ihnen mitteilen, dass wir auf den letzten zwanzig Kilometern geblitzt wurden. Das Polizeifoto klebt jetzt am Armaturenbrett. Rechts. Funktioniert besser als jeder Maulkorb.

Hör auf zu spielen! Essen ist fertig!

Die Entdeckung der Gangschaltung

Autoschlüssel her!
Männer!

DIE KNUTSCHKUGEL

FRAU UND AUTO – das ist keine Liebesbeziehung, das ist allenfalls eine Zweckverbindung, um trocken und gut frisiert von A nach B zu kommen. Gerne aber kann ihr Gefährt „süß" aussehen, eine „Knutschkugel" sein, farblich „cool" daherkommen und im Innenraum über ausreichend Ablagen für Kosmetik, Handy, Schlüssel und Coffee-to-go-Becher verfügen, ansonsten soll es verlässlich anspringen, gemütlich fahren und störungsfreies Musikhören und langes Telefonieren ermöglichen.

Benzin, Wasser, Frostschutzmittel und Luft sind für die Frau die vier großen Quälgeister, Motor, Beschleunigung, Schaltung und Verbrauch sind ihre vier großen Langweiler.

Dem Straßenverkehr auf der Außenseite ihrer Windschutzscheibe begegnet sie mit einem am Rückspiegel baumelnden Schutzengel und mangelnder Begeisterung bis hin zu unverhohlener Ablehnung.

Warnlichter, Schilder, Begrenzungslinien, Ampeln, Raser, Drängler und Huper sind negative Kräfte, denen sie am liebsten mit einem frisch gebrühten „Gruß-an-die-Sonne-Tee" begegnen würde.

Deswegen verursacht sie auch deutlich weniger Unfälle, wird weniger geblitzt und verbraucht weniger Kraftstoff und Fernlicht, fährt also deutlich defensiver, freundlicher und ökonomischer als der Mann.

Dieses friedfertige Fahrverhalten löst beim fürsorglichen Mann Angstreflexe aus, die sich in Zuckungen oder Stoßschreien, zum Teil auch in aktiver Einflussnahme offenbaren. Ähnliches ist ihr noch gut von ihrem einstigen Fahrlehrer in Erinnerung.

Dem Tempolimit und autonomem Fahren fiebert sie sehnsüchtig entgegen.

Jetzt geben Sie mal richtig Gas!
Die besten Männer sind alle unter der Haube.

Hast du dein Handy auf Flugmodus gestellt?
Schau du mal lieber nach vorne!

Paarfly

Führen Sie irgendwelche, gegen die Straßenverkehrsordnung unordnungsgemäß beförderte Haustiere mit sich?
Der Wagen gehört meiner Frau!

Elite Partner?
Hast du!

Jetzt sag ich mal, was mir Spaß macht.
Bloß nix mit Yoga.

Wo ist denn schon wieder mein Schlüssel!!!
Oh, Herr! Gib ihr ein Zeichen.

Paris! Die Stadt der Liebe!
Du nun wieder.

Und Jesus strich Maria übers Haar...
Reichlich übergriffig.

Mach dich flach, Miriam. Der will immer nur poppen, poppen, poppen.

Doofe Männer

Zum Frühstück genieße ich Assam, am Nachmittag Darjeeling.
Mir reicht mein Felix!

Die Ehe ist kein Ponyhof.
Bla, bla, bla...

Im Frauen-Supermarkt

Bei mir gilt die 2G-Regel: Ganz oder gar nicht!
Gar nicht?

Die nächste Schwangerschaft machst mal du!
Bist ja schon im fünften Monat!

DAS LEIDEN DER MÄNNER

ES IST schon erstaunlich, dass ein und dasselbe Virus die Geschlechter ganz unterschiedlich heimsucht. Männer fallen reihenweise um wie die Fliegen, Frauen schleppen sich so lange zur Arbeit, bis der Notarzt sie irgendwo zwischen Büro und heimischer Küche aufsammelt.

Männer, seid froh, dass wir das mit dem Kinderkriegen und den Menstruationsbeschwerden übernehmen. Herrje, nicht auszudenken wie es andersherum wäre ...

Das klingt jetzt gemein, aber ist es nicht so? Kaum zeichnet sich bei Männern der kleinste Schnupfen ab, verabschieden sie sich mit zitternder Stimme ins Bett. Aus den Ei-Ah-Au-Lauten dürfen die unermüdlich pflegenden Frauen dann ableiten, ob er nach Schmerztabletten, einer heißen Wärmflasche oder der Fernbedienung verlangt.

Ich glaube, dass Männer ein Problem damit haben, wenn irgendetwas am eigenen Körper nicht rundläuft. Aber zum Arzt deswegen? „Nee, lass', geht schon." Seltsam, oder?

Wenn an seinem Auto etwas nicht rundläuft, ist er sofort in der Werkstatt. Er wiederum spielt lieber den Tapferen, braucht dabei aber absurderweise eine ganzheitliche Betreuung wie im Sanatorium.

Wenn Männer auf die Frage nach der Arzt-Verweigerung antworten: „Geht schon", dann heißt das übersetzt so viel wie: „Rambo wäre nicht Rambo, wenn er seine Wunden nicht selbst nähen könnte."

Meine ganz persönliche Theorie: Männer haben schlichtweg Bammel, dass der Arzt sie nicht mit einer Handvoll Antibiotika entlässt, sondern mit einem Nasenspray auf Meersalzbasis. Das wäre dann nämlich das Ende der privaten Krankenschwesternnummer. Und ich glaube, dieser Gedanke macht sie wirklich krank.

Meine Frau verhöhnt mich, wenn ich Schnupfen habe.
Kenn ich.

IGEA
INFORMATION
Wo ist bitte die Abteilung mit den getrennten Betten?

In der Redaktion von PUSSY POWER

DER KRANKMACHER

MÄNNER KÄMPFEN gegen Indianer, Vampire, Aliens, Banken, Finanzämter, fällen Bäume und lebenswichtige Entscheidungen, schieben Termine vor sich her oder festgefahrene Autos aus dem Schlamm, zerreißen Pappkartons, öffnen widerspenstige Wasserflaschen und schenken ihrer Frau reiche, sexuelle Erfüllung. Sie tun das alles von Herzen, in grenzenloser Hingabe und unter Aufbietung ihrer sämtlichen Kräfte, um ihre geliebte Partnerin und den Nachwuchs zu beglücken, zu behüten und zu beschützen. Sie schaffen wohlige Geborgenheit, die ihrer Frau ein beruflich und privat erfülltes Leben ermöglicht: tough im Job, fit im Garten und aktiv im Netz.

Aber auch Superman und Bettman sind nicht grenzenlos belastbar, auch sie benötigen hin und wieder einen bescheidenen, kleinen Raum, in dem sie gelegentlich kurz Schwäche zeigen dürfen. Doch kaum haben sie sich scheu zum Auskurieren eines aggressiven Schnupfens hingelegt, reißt die Frau die Tür auf und verhöhnt sie: „Wenn ich mich bei jeder Menstruation hinlegen würde, na, Prost Mahlzeit!“

Psychologen haben ergründet, dass dieser weiblichen Boshaftigkeit die Urangst zugrunde liegt, ihr Mann könnte dauerhaft schwächeln und damit einem unsympathischen Nebenbuhler Platz machen. Eine unbegründete Sorge – nicht zuletzt, weil die moderne Frau längst mehrere Kampfsportarten beherrscht, über Reizgas und lange Fingernägel verfügt und dank eigener Kräuterbeete sowieso gegen jedes Unheil gewappnet ist.

Schickt Männer nie zum Einkaufen

Sie haben vorne zu wenig drauf!!
Und Sie unten zu wenig dran!

Sie war jung, bildschön und stinkereich.
Herbert spürte insgeheim, dass sie ihn nur
wegen seines hohen Alters und seiner
Armut heiraten wollte.

Immer mehr Quotenbetrüger unterwegs

Will ich später mal Karriere machen und keine Kinder?
Oder Karriere machen und Kinder?

Oder keine Karriere und keine Kinder?
Die hängen doch heute nur noch ab und verblöden.

Freiheit! Gleichheit! Schwesterlichkeit!

In der Paarungszeit

Frauen schenken gerne Grün

Sind wir nicht alle ein Leben lang auf der Suche nach dem großen Glück?
Du sagst es, Schatz.

Alter, grauer Ständer

Wir müssen reden!
Scheiß Migräne.

Im Anschluss würde ich mich über eine positive Bewertung sehr freuen.

SHOPPST DU NOCH ODER SCHLÄFST DU SCHON?

SCHADE, DASS es kein Bällebad für Männer gibt. Neulich – ich brauchte dringend neue Herbstklamotten – kam ich nämlich auf die wahnwitzige Idee, meine bessere Hälfte zum Shoppen mitzunehmen. Keine Stunde verging, da fing er an zu quengeln wie ein Kleinkind auf Zuckerentzug.
Männer und Shopping, das geht nicht gut zusammen. Während wir, die „Sammlerinnen" lustvoll riesige Geschäfte durchstreifen, ist das ziellose Bummeln für den geborenen Jäger eine Tortur.
Frauen gehen in der Mittagspause „kurz eine Bluse umtauschen" und kommen mit zwei neuen Röcken und einem halben Dutzend Haarbändern zurück. Männer sagen: „Ich bräuchte dringend eine neue Hose" – und gehen trotzdem keine kaufen. Doch oft genug werden sie mitgeschleift. Wie angeleinte Schnecken kriechen sie hinter ihren Frauen her und schalten in den Geschäften abrupt in ein psychisches Notprogramm.
Es ist wirklich bemitleidenswert, wie wartende Gatten aussehen können: Apathisch, mit Einkaufstüten beladen, üben sie sich, an Kleiderständern gelehnt, im resignierten Sekundenschlaf oder hängen in den Sesseln, die eigens dort platziert wurden, um die entkräfteten Männerkörper in sich aufzunehmen. Erst wenn die Liebste nach einer Ewigkeit zurückkehrt, erwachen sie aus ihrer Trance. Obacht: Mag das Kleidungsstück auch noch so hässlich sein, jetzt sagen sie zu allem Ja und Amen, nur um dem Höllentrip ein Ende zu setzen.
Liebe Männer, an dieser Stelle ein Insider-Tipp: Die Shopping-Tour ist ratzfatz vorbei, wenn Sie Ihrer Frau sagen, dass das neue Kleid mindestens eine Nummer zu klein an ihr aussieht.

Soll ich für die Wanderung die Gelbe anziehen?
Ruf doch Wander Woman an!

Mann und Shopping Queen

Hepp! Wirf mal her, Spatzl!
6⁰⁰

DIE SHOPPING QUEEN

KAUM HATTE der Neandertaler unter Einsatz seines Lebens den Säbelzahntiger erlegt, schon schlüpfte sein Weib flugs in das frisch abgezogene Fell und fragte: „Und, mein Zottelbart? Wie sieht deine Höhlenmaus aus?"
Die Wollust an neuen Geweben ist der Frau in ihre DNA geschrieben. Nichts bereitet ihr mehr Wonne, als durch Boutiquen zu streifen, mit scharfem Blick das Sortiment zu scannen, Kollektionen durchzublättern und mit gepflegten Händen über sinnliche Stoffe zu gleiten. Dabei vergisst sie Zeit und Raum und gerne auch den Preis.
So wie die Vielzahl von Kleidungsstücken für den Mann die Hölle ist, ist sie für die Frau das Paradies, in dem sie endlos anprobieren kann, um wie ein entpuppter Schmetterling im neuen Outfit aus der Umkleidekabine zu schlüpfen, sich lustvoll vor Spiegeln zu drehen und zu wenden und das neue Stöffchen zu zupfen und zu zerren.
Kaufentscheidungen verschleppt sie bewusst, um ihre Verkleidungsorgie so lange wie möglich hinzuziehen.
Der Mann hockt indessen als ehelich bestallter Begutachter im Dampf der Kunstfasern in ausgewiesenen Männersitzecken und sehnt sich nach seiner Werkstatt und einem gut gezapften Bier.
Sie weiß von seiner Qual, aber sie setzt Prioritäten, schließlich kann es ihm einfach nicht egal sein, ob seine Frau in einem Sack oder einem hübschen Kleid daherkommt.
Die neue Definition der Rolle von Mann und Frau gibt ihm jetzt immerhin die Chance, einen gemeinsamen Einkaufsbummel mit „Ich mach in der Zwischenzeit die Küche, Schatz!" abzuwehren.

Ich hab von sechs Richtigen geträumt.
Mir würde ein Richtiger schon reichen.

Jetzt'n Vollbad!
Ihr Frauen denkt auch immer nur an das eine!

Frauen falsch drauf

Mein Mann macht alles am liebsten mit der Hand.
Wie pikant.

Jetzt läuft Lara Croft!
Ich hasse Leichtathletik!

Mann und Tee-rapie

Ich bin schwul.
Ich bin lesbisch.
Ich bin Standard.

Ist Rügen nicht herrlich?
Alte, weiße Felsen!

Mama liest aus dem Tagebuch ihrer Oma von 1958

Ich will ein Rind von dir!!

Brad Pitt, Brad Pitt, Brad Pitt...
Brad Pitt, Brad Pitt, Brad Pitt...

Ich nehme den Grillteller!
Und für mich die Grilltellerin!

Chef! Die Frauen wünschen sich einen neuen Mann!
Ist denn niemand im Labor?

HELDEN AM HERD

KOCHEN IST noch immer Frauensache. Zumindest, wenn es um Spaghetti Bolognese für die Kinder geht. Geht es um *Haute Cuisine*, entern Männer plötzlich die Küche.

Auch meiner, bis dato klassischer Bratwurst-Dompteur am Grill, überrascht in letzter Zeit mit Drei-Gänge-Menüs. Inzwischen hat er sich vom panierten Schweineschnitzel zum glacierten Lammkarrée hochgekocht und ein beachtliches Küchenequipment zugelegt: einen Flambierbrenner, Sprühflaschen für Öl und Essig, eine Pastamaschine und jede Menge anderen Schnickschnack. Dementsprechend wichtig spielt sich der Möchtegern-Sterne-Koch auf: Während er sich in Rage redet über die perfekte Konsistenz von Holzfäller-Nockerln, die Messer wetzt und Fleisch tranchiert, darf ich Gemüse schnippeln. In Würfelform. Und natürlich am Ende das Chaos in der Küche beseitigen, das er nach seiner fulminanten Koch-Show hinterlässt.

Bei unserem Nachbarn Ulf spielen sich ähnliche Szenen ab. Der hat sich eine Kaffeemaschine gekauft. Keine gewöhnliche natürlich, sondern ein zischendes Ungetüm aus Chrom. Während er das glänzende Ding mit viel Blubbern in Gang setzt, fachsimpelt der „Espressionist" gern über den Mahlgrad, die Wassertemperatur und darüber, wie man durch richtiges Ziehen und Rollen der Milch einen unwiderstehlichen Schaum hinbekommt.

So eine Küche bietet viel Raum für Selbstdarstellung. In Zeiten, in denen Frauen Männern überall Konkurrenz machen, kommen extravagante Küchenhelfer wie gerufen. An denen können sie ihr technisches Know-how demonstrieren und ihr Ego auftanken.

Bleibt die Frage, wie man die überschäumenden Kitchen-Guerillas ablöscht. Mein Tipp: Wenn sie sehnsüchtig auf das „Hm, köstlich!" warten, ruhig ein wenig schmoren lassen. Im eigenen Saft versteht sich.

Wir Frauen sind eigentlich völlig autark.
Für den Garten haben wir einen Rasenroboter, für die Küche den Thermomix und für die Lust den Vibrator.

wofür brauchen wir eigentlich Männer?
Für die Wartung!

Ich kann dein Schmatzen nicht mehr hören!
Blöd. Lauter kann ich nicht.

DER JAMIE OLIVER

DIE FRAU erobert sich nun verdientermaßen die ihr zustehenden Plätze in der Gesellschaft, sie steuert Ozeanriesen und Konzerne, sitzt in Parlamenten und Trucks, spielt mit Fußball und Dax und erstrahlt im neuen Selbstbewusstsein.

Im Schatten ihrer neuen Größe hat sich aber nun der Mann heimlich in die verlassene Küche geschlichen, sich mit der Küchentechnik und den Handgeräten vertraut gemacht und eng befreundet. Sie, seine Frau, einst die geschätzte und kokette Domina in diesem Bereich, muss nun verstört mit ansehen, wie er sich in Hand- und Kochbücher vertieft, Mixer tuned, Töpfe entrostet, Toaster ölt, Messer schärft und mutig die ganze Vielfalt der internationalen, exotischen Küche für sich erobert.

Er kocht einen Mongolischen Jurtentopf genau so selbstverständlich wie die überbackenen Condorschenkel im Palmenblatt oder einen Käseauflauf nach Art der Mutter Andreas Hofers. Dafür erhält er Applaus und Komplimente aller Gäste, sogar die Kinder loben seinen Harry-Potter-Burger mit Hexensoße. Die Gänge schiebt er sauber rein wie den Schalthebel seines Fünfganggetriebes.

Das alles schmeckt ihr gar nicht, wird ihr doch in ihrem Berufsleben nicht annähernd so viel Anerkennung zuteil, wie ihrem Mann nun am Herd. Aber eine Rückkehr in die Küche auf diesem neuen Niveau lässt ihre Karriere nicht zu. Frau kann halt nicht alles haben. Ihre Versuche, ihn mit einem spitzen „Und wer kümmert sich um das schmutzige Geschirr?“ zu blamieren, kontert er cool mit: „Alexa! Mach den Abwasch!“

Die Macht ist mit ihr

Reich mal
die Latte rüber,
Schnuckel!

Stell dir vor, meine Frau schlägt mich!
Möchtest du reden?

14 Tage Karibik-Tour mit Meerblick-Kabine und Vollpension!
Roomboys?

Vincent van Fasten, Diätmaler und Frauenversteher

Wie heißt denn Ihr Liebling?
Heineken!
Heineken

Der baggert ja wie blöde!
Er hat'n neues Wasserbett!

Ich bin Marlon und bin ein Ehebrecher.
Hallo Marlon!
Hallo Marlon!
Hallo Marlon!
Hallo Marlon!
Hallo Marlon!

Hallo, mein Hübscher!

Nabend, Schatz! Ist der Kurier schon gekommen?
Ja, zwei Mal!

Harten Tag gehabt, Schatz?

Sitz!
Ah, verdammt! Jetzt kann sie schon durch Plastik glotzen.

Sie hat mir eine Überraschung ans Bett gestellt? Die Gute.

UPS, HAB' ICH GAR NICHT GESEHEN ...

MÄNNER SIND Schweine. Das ist, minimal verkürzt und ganz leicht zugespitzt, das Ergebnis diverser Studien, die alle beweisen, dass das männliche Gehirn Schmutz und Chaos hervorragend ausblenden kann.
Auch mein Mann leidet an dieser Art Betriebsblindheit. Er „übersieht“ vertrocknete Blumen, fehlendes Klopapier, Barthaare im Waschbecken, das saubere Geschirr in der Spülmaschine und die Marmelade im Kühlschrank, in der sich bereits ein autarkes Ökosystem gebildet hat. Seine dreckigen Socken vor dem Bett, der Altpapierstapel im Flur, Schmutzränder, Staubschichten – in seiner Welt Komponenten eines gemütlichen Gesamtensembles.
Zu den faszinierenden männlichen Eigenschaften gehört auch das selektive Hören. Wenn Männer aus dem weiblichen Wortschwall das Wesentliche herausfiltern, deckt sich das nicht unbedingt mit der eigentlichen Botschaft. Sie sagt zum Beispiel: „Hör‘ mal zu, das hier ist ein Saustall. Überall auf dem Fußboden liegen deine Klamotten. Du und ich, wir machen jetzt Klarschiff. Und zwar sofort!“ Er versteht: „Hör‘ mal zu. Blablabla du und ich. Blablabla auf dem Fußboden. Blablabla ohne Klamotten. Blablabla und zwar sofort!“
Die Kunst besteht darin, ihnen die unangenehmen Tätigkeiten schmackhaft zu machen, indem man sie mit angenehmen verknüpft. Ich habe das Sky-Bundesliga-Paket abonniert und das Bügelbrett direkt vor dem Fernseher platziert.
Und ich habe noch ein Ass im Ärmel: die Visitenkarte von Mr. Picobello. Die hat mir meine Freundin zugesteckt. Der knackige Putzboy fegt seit ein paar Tagen mit seinem Staubwedel durch ihr Haus. Sie glauben gar nicht, wie eifrig ihr Mann plötzlich im Haushalt hilft.

Haushalts-Integration der Männer, Versuch 1

Haushalts-Integration der Männer, Versuch 2

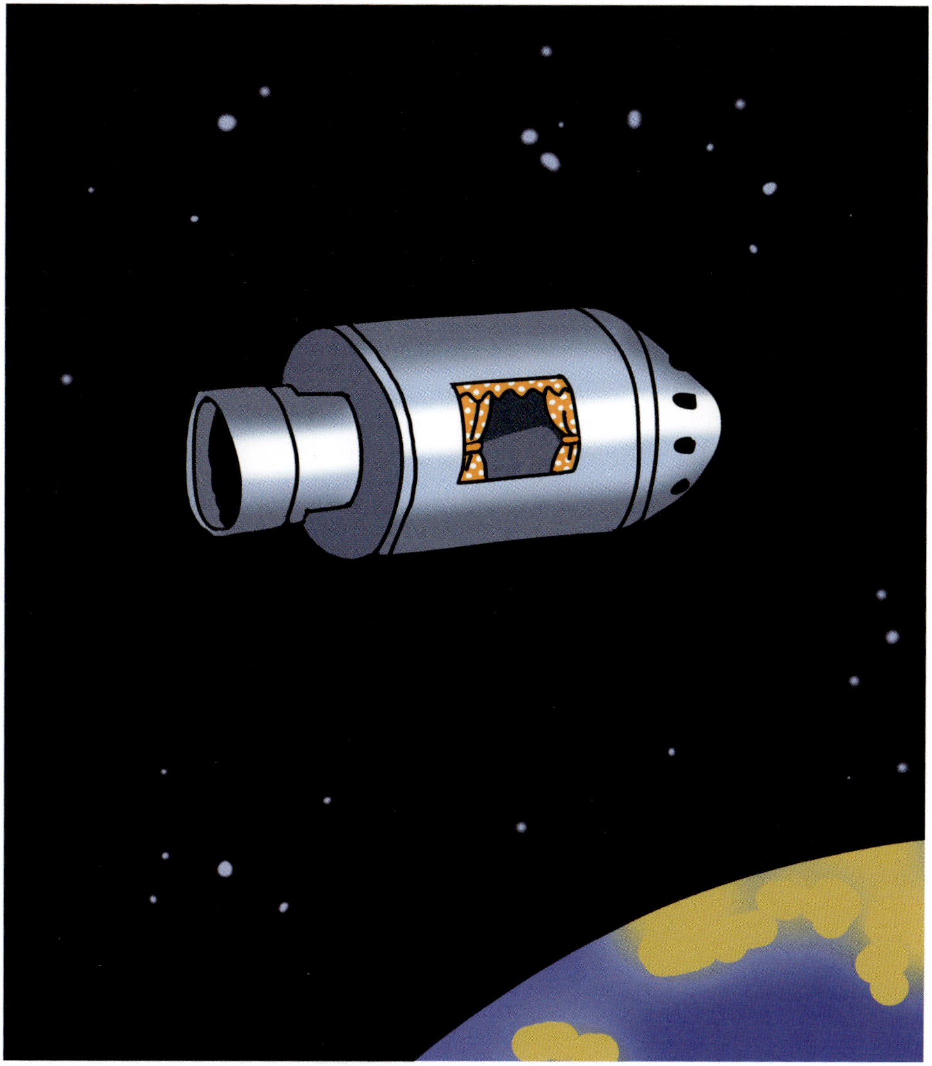

Frauen im Weltall

Wir werden doch alle fremdgesteuert.
Auch in den Ecken, Schatz!

DER SCHMUTZFINK

FRAUEN MÖGEN gemütliche Kuschelsofas, mollige Kuschelkissen, warme Kuscheldecken und flauschige Kuscheltiere, bevorzugt schnurrige Kuschelkätzchen. All das streng nach der 3G-Regel: gereinigt, gepflegt, geordnet. Beim Mann hingegen genießen diese drei Zustände keinen Vorrang, sie haben sich dem Überlebenskampf und anderen wichtigen Dingen unterzuordnen: der Weltwirtschaft, der neuesten Staffel seiner Lieblingsserie und der Bundesliga, ansonsten huldigt er der kreativen Unordnung und der Spontaneität.

Unordnung nimmt er überhaupt nicht wahr, ihm fällt allerhöchstens auf, wenn sein Akkuschrauber nicht an seinem Platz liegt. Unsauberkeit bemerkt er gar nicht, sie nervt ihn nur, wenn an seinem Bierglas noch ein klebriger Bierdeckel hängt.

Frauen können allerdings enorm stur sein, wenn es um die Durchsetzung ihrer zwanghaft gelebten Ideale geht und bekunden in der Partnerschaft zäh bei jeder Gelegenheit ihren Unmut. Diese pathologische Hartnäckigkeit kennt der Mann jedoch schon von seiner Mutter und hatte also bereits Jahrzehnte lang Zeit, sich ordentlich dagegen zu wappnen.

Man stelle sich vor, der liebe Gott wäre eine liebe Göttin: Unsere Erde hätte die Form einer Blume, auf den Bergen stünden Kerzen, Meere dufteten nach Lavendel, Kontinente wären mit Spitzen gesäumt und Felder und Wiesen würden wie gefaltete Servietten unseren Planeten bedecken. Der ganze Kosmos würde über uns lachen. Dass Gott ein Mann ist, erkennt man sehr schön an den unordentlichen Wäldern, vergammelten Meeren und der verschmutzten Luft.

Die Vorherrschaft des Mannes ist vorbei! Jetzt weht ein anderer Wind!
Dreißig Liegestütze!!

Nie gehst du mit mir in die Oper!
Du gehst mit mir ja auch nicht zum HSV!

Einen Kümmerling?
Danke, hab ich zu Hause.

Frau an der Keule

Foto: privat

Peter Butschkow, 1944 in Cottbus geboren, zeichnet Cartoons für Buch-und Kalenderverlage sowie Magazine, lebt als Single mit dem guten Gefühl, zwei prächtige Söhne großgezogen zu haben und mit ihrer Mutter in Nordfriesland in nachbarschaftlichem Frieden. Er liebt Baumkuchen, sein elektronisches Schlagzeug und chaotisches Atelier. Texte auf Seite 13, 33, 51, 69, 87.
www.butschkow.de

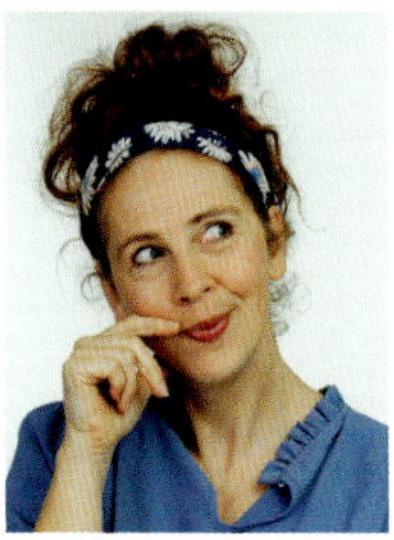

Foto: Gunnar Geller

Caren Hodel, 1976 in Bruchsal geboren, arbeitet als Redakteurin und Autorin für verschiedene Frauenzeitschriften und lebt mit drei Jungs (zwei vorpubertär, einer in der Midlife-Crisis) auf dem Land bei Lüneburg. Sie liebt Rumpralinen, ihren verrückten Kater Pitou und die Acrylmalerei. Texte auf Seite 9, 29, 47, 65, 83.
www.carenscollage.wordpress.com

1. Auflage 2022

– Originalausgabe –

ISBN 978-3-8303-6396-5

Illustrationen: Peter Butschkow
Texte: Peter Butschkow, Caren Hodel
Lektorat: Antje Haubner
Layout und Herstellung: Monika Swirski und Ralf Wagner
Covergestaltung: Monika Swirski

Wir produzieren nachhaltig
- Klimaneutrales Produkt
- Papiere aus nachhaltigen und kontrollierten Quellen
- Hergestellt in Deutschland

FSC
www.fsc.org
MIX
Papier aus verantwortungsvollen Quellen
FSC® C018236

WWW.LAPPAN.DE